mi mini biografía

Sonia Sotomayor

Cherry Lake Press

Publicado en los Estados Unidos de América por Cherry Lake Publishing
Ann Arbor, Michigan
www.cherrylakepublishing.com

Asesora de lectura: Beth Walker Gambro, MS, Ed., Yorkville, IL
Ilustrador: Leo Trinidad
Traducción por Editec Soluciones Editoriales

Créditos de las fotos: © Felix Lipov / Shutterstock, 5; © GM/Current Affairs / Alamy Stock Photo, 7, 9; © f11photo / Shutterstock, 11, 22; © ASSOCIATED PRESS, 13, 17, 19, 21; Souza / National Archives, 15, 23; Todos los marcos de las imágenes, Shutterstock Images

La información del catálogo de publicación de la Biblioteca del Congreso ha sido presentada y está disponible en catalog.loc.gov.

Impreso en los Estados Unidos de América

contenido

Sobre la autora: Brenda Perez Mendoza es una premiada educadora y autora de la serie Racial Justice in America: Latinx American. Creció en Cicero, Illinois, como hablante nativa de español. Cuando iba a la escuela, no había suficiente apoyo para los estudiantes que estaban aprendiendo inglés. Eso es lo que la llevó a convertirse en especialista en ELL K-12 y a trabajar con estudiantes bilingües. Trabaja para que todos los estudiantes, especialmente los latinos, abracen su cultura y celebren quienes son. En la actualidad, vive en Chicago, Illinois, y está comprometida a garantizar que los estudiantes puedan acceder a prácticas educativas que tengan en cuenta la cultura y a defender al niño en su totalidad.

Sobre el ilustrador: Leo Trinidad es un dibujante de cómics, ilustrador y animador costarricense muy famoso del NY Times. Lleva más de 12 años creando contenido para libros infantiles y programas de televisión. Leo creó la primera serie animada producida en América Central y fundó Rocket Cartoons, uno de los estudios de animación más exitosos de América Latina.

mi historia

Nací en Nueva York en 1954.
Mi familia vivía en el Bronx.
Mis padres eran puertorriqueños.

Mi padre murió cuando yo tenía
9 años.

86 Street Station
Uptown & The Bronx
1
Enter with or buy MetroCard
at all times or see agent
across Broadway

Mi madre nos crio a mi hermano y a mí.

Nos enseñó que la educación es importante.

¿Qué es importante para ti?

Me encantaba la escuela. Lo que más me gustaba era leer.

Me esforcé mucho en la escuela.

Fui a la Universidad de Princeton. Luego fui a la Facultad de Derecho de Yale.

Me convertí en **abogada**.

Más tarde me convertí en jueza. Seguía creyendo en la educación. Fui **mentora** de estudiantes.

Quería que los niños de lugares como el Bronx tuvieran éxito.

Me nombraron miembro de la **Corte Suprema**. Eso fue en 2009. Fui la primera **jueza** hispana de la Corte Suprema.

Fui la tercera mujer en ser jueza.

Creo en la justicia.
Creo en la comunidad.
Creo en la **igualdad**.

Creo en el **Estado de derecho**.

¿En qué crees tú?

En 2016 me dieron el Premio Herencia Hispana al Liderazgo. Para mí, el liderazgo significa servicio.

Sirvo a mi país y a mi comunidad.

Hoy sigo siendo miembro de la Corte Suprema. Escribo libros. Doy conferencias. Quiero que los niños sepan que pueden hacer la diferencia.

Quiero que celebren quienes son.

¿Qué te gustaría preguntarme?

Línea de tiempo

1979

1950

Nació en 1954

2009

2050

glosario & índice

glosario

abogado una persona que trabaja con las leyes de una sociedad

Corte Suprema el más alto tribunal de Estados Unidos

Estado de derecho el principio en el que toda la sociedad, tanto el Estado como las personas, son guiados por las mismas leyes

hispana una persona que habla español

igualdad el principio que asegura que cada persona es igual a todas las demás

mentora persona que enseña y guía a otra

índice